职业技能鉴定国家题库

前厅服务员
（中级）
操作技能考试手册

劳动和社会保障部
职业技能鉴定中心 组织编写

中国财政经济出版社

图书在版编目(CIP)数据

前厅服务员(中级)操作技能考试手册/劳动和社会保障部职业技能鉴定中心组织编写.—北京:中国财政经济出版社,2005.4

(职业技能鉴定国家题库)

ISBN 7-5005-8045-2

Ⅰ.前…　Ⅱ.劳…　Ⅲ.饭店—服务人员—职业技能鉴定—试题　Ⅳ.F719.2-44

中国版本图书馆CIP数据核字(2005)第020159号

中国财政经济出版社出版

URL:http://www.cfeph.com.cn

E—mail:cfeph@cfeph.cn

社址:北京海淀区阜成路甲28号　邮政编码:100036

发行处电话:88190406　财经书店电话:64033436

北京富生印刷厂印刷　各地新华书店经销

787×1092毫米　16开　3.25　印张　57 000字

2005年4月第1版　2005年4月北京第1次印刷

印数:1—3000　　定价:14.00元

ISBN 7-5005-8045-2/F·7041

职业技能鉴定国家题库前厅服务员操作技能考试手册

编审委员会

前厅服务员

（中级）

主　　编：曹　红

副 主 编：周　丽

主　　审：雅　杰

前 言

对劳动者实行职业技能鉴定，推行国家职业资格证书制度，是促进劳动力市场建设和发展的有效措施，关乎广大劳动者的切身利益，关乎企业发展和社会经济进步，对于全面提高劳动者素质和职工队伍的创新能力，具有重要作用，也是当前我国社会经济发展，特别是就业、再就业工作的迫切要求。根据这一形势并按照《职业技能鉴定规定》的要求，我国的职业技能鉴定实行统一命题的原则，并由国家劳动和社会保障部组织建立职业技能鉴定国家题库网络。这是我国职业技能鉴定质量保证体系中的关键环节之一，是保证鉴定工作质量、提高鉴定工作水平、加强鉴定工作管理力度的重要技术手段，是国家职业资格证书制度的基础性建设工作，也是我国职业资格证书制度从普及向纵深发展的重要技术基础。

国家题库自 1997 年建立以来，已经在我国的职业技能鉴定工作中起到了“保证鉴定工作质量、提高鉴定工作水平、加强鉴定工作管理力度”的作用。为了更好地发挥国家题库的作用，满足全国各地在不同条件、不同环境下对操作技能鉴定命题的需要，劳动和社会保障部职业技能鉴定中心组织有关专家，历时一年多时间，开发完成了操作技能考核试题库。它着重从职业活动对从业人员操作技能要求的本质入手，以职业操作技能的技术内涵为基本标准，采用模块化结构，具备了在保证鉴定内容的统一质量水平的基础上，能够同时兼顾各种各类实际鉴定考核需要，并能够随着新技能、新技术、新工艺的发展变化实时调整命题考核内容的特点。从整体上解决了操作技能考核内容的可测量性和对鉴定质量的控制等问题，解决了目前普遍存在的在不同领域、不同鉴定条件下操作技能试题的适用性问题。

为了使全国职业培训领域和职业技能鉴定领域的专家以及即将参加职业技能鉴定的学员对新的操作技能考核试题库的建库目标、命题技术原理、考核内容结构和具体考核要求有一个全面的了解。同时在职业培训、职业技能鉴定与企业用人要求之间建立一个有效实用的联系，经研究决定，以《职业技能鉴定国家题库操作技能考试手册》（以下简称《手册》）的方式，向全社会公布国家题库操作技能考核试题库的全部内容，以更好地提高职业技能鉴定工作的公平性，使国家题库考核内容与要求具有科学合理的透明度。

根据劳动和社会保障部《关于启用职业技能鉴定国家题库的通知》的有关规定，自国家题库操作技能考核试题库公布后，全国范围内以发放中华人民共和国职业资格证书为最终手段的鉴定考核，其所用试题试卷一律从国家题库中提取。

为了使《手册》与国家职业标准、培训教程、国家题库配套，更好地为培训、鉴定机构和考生服务，2002年我们对《手册》进行了修订。今后我们会随着国家职业标准、培训教程以及国家题库内容的不断更新，逐步对其进行补充和完善。

本书在编写过程中得到了湖南省职业技能鉴定中心和有关专家的大力支持，在此一并表示感谢。

由于时间仓促，缺乏经验，难免有不足之处，恳请各使用单位和个人提出宝贵意见和建议。

《职业技能鉴定国家题库操作技能考试手册》

编审委员会

2002年10月

目　录

第一章

职业技能鉴定国家题库简介及复习要求

DI YI ZHANG ZHI YE JI NENG JIAN DING GUO JIA TI KU JIAN JIE JI FU XI YAO QIU

一、国家题库简介

（一）什么是国家题库

◎ 全称是“职业技能鉴定国家题库”；

◎ 劳动和社会保障部组织开发的用于全国职业技能鉴定的统一题库；

◎ 以获得《国家职业资格证书》为目的的全国职业技能鉴定，在进行国家题库中已有职业的考试或考核时，一律使用计算机从国家题库中随机抽取试题，组成试卷。

（二）国家题库权威性

◎ 由主管全国职业技能鉴定工作的劳动和社会保障部组织专家开发；

◎ 全国范围内本职业领域高水平专家参与命题。

（三）为什么要建立职业技能鉴定国家题库

◎ 有利于规范全国职业技能鉴定行为，保证职业技能鉴定质量；

◎ 有利于统一全国职业技能鉴定水平，促进流动就业，为从业者择业、就业提供公平、客观的能力水平评价。

（四）国家题库的主要内容

国家题库内容分为两部分，并以不同的形式公开出版：

◎ 理论知识题库——每个职业含几千道试题。考试要点全部公开，即《国家职业技能鉴定理论知识考试复习指导丛书——前厅服务员（中级）》；

◎ 操作技能题库——根据职业特点，由涉及职业活动领域的若干试题组成。所有试题及相关内容全部公开，即《职业技能鉴定国家题库——前厅服务员（中级）操作技能考试手册》。

二、国家题库试题试卷简介

（一）命题依据

◎ 劳动和社会保障部 2002 年颁布的前厅服务员《国家职业标准》；

◎ 劳动和社会保障部组织编写的前厅服务员《国家职业资格培训教程》；

◎《理论知识鉴定要素细目表》、《操作技能考核内容结构表》和《操作技能鉴定要素细目表》分别明确了理论知识考试的具体内容和操作技能考核范围。

（二）命题原则

◎ 反映本职业《国家职业标准》要求；

◎ 理论知识考试强调本职业实际工作中必备的知识，不出偏题、怪题和难题；

◎ 操作技能考核强调科学性和可行性，试题既反映本职业主要操作活动内容和要求，又使考核简便易行。

（三）试题类型

1. 目前理论知识考试采用标准化试卷，即每个级别考试试卷分为“选择题”和“判断题”两大类，满分100分。

◎“选择题”160题，每题0.5分，共占80分；

◎“判断题”40题，每题0.5分，共占20分。

2. 操作技能考核根据职业特点和命题原则，采用灵活的考核形式，主要形式是实际操作，也有笔试、口试、模拟操作或多种形式组合等考核形式。考生可通过本职业《操作技能考核内容结构表》和《操作技能鉴定要素细目表》了解具体的考核形式、考核内容和具体配分。

（四）答题时间

按照《国家职业标准》，理论知识考试时间：初级不超过100分钟，中、高级不超过120分钟；操作技能考核时间：初级不超过30分钟，中、高级不超过40分钟。

（五）答题要求

1. 理论知识考试答题要求：

◎ 选择题为四选一题型，即试题中给出的四个选项中，只有一项为正确选项。纸笔考试时，按要求在试题前面的括号中，填写正确选项的字母；

◎ 判断题采用纸笔考试时，根据对试题的分析判断，在括号中画“√”或“×”；

◎ 采用答题卡答题时，按要求，直接在答题卡相应的答案处涂色即可；

◎ 采用计算机考试时，按要求，点击选定的答案即可。

具体答题要求，在考试前，考评人员会做详细说明。

2. 操作技能考核要求：

每个职业、每道试题有不同的考核要求，这些要求通过《职业技能鉴定国家题库——操作技能考试手册》公布。

（六）试卷生成方式

◎ 国家题库采用计算机自动生成试卷：即计算机按照本职业的《理论知识鉴定要素细目表》、《操作技能考核内容结构表》和《操作技能鉴定要素细目表》，从题库中随机抽取相应试题，组成试卷；

◎ 这种组卷方式，避免了以往人为影响试卷难度和试卷内容范围的倾向；

◎ 试卷的题型、题量和所涉及的范围保持相对稳定；

◎ 有利于考生把握复习的要点和重点。

三、复习注意事项

（一）阅读《国家职业技能鉴定理论知识考试复习指导丛书》（以下简称《丛书》），理解其中各项内容；按照《国家职业标准》和《职业技能鉴定国家题库——操作技能

考试手册》（以下简称《手册》）有关要求，加强操作技能训练

◎《丛书》和《手册》向考生提供了鉴定考核的重点内容，对考生把握重点，理解难点提供了详略得当的指导；

◎ 书中的试题精选和试卷样例均是从国家题库中抽取的，直接反映了考试内容的特点和题型特征；

◎ 考生要了解国家题库考试重点和试题试卷特点，掌握要领，心中有数。

（二）抓住重点，全面复习

◎ 职业技能鉴定的基本目标就是为了提高劳动者素质；

◎ 职业技能鉴定以基础和必备的知识或能力考核为主要出发点和归宿；

◎《理论知识鉴定要素细目表》、《操作技能考核内容结构表和鉴定要素细目表》，是《国家职业标准》的细化，是命题的直接依据，也是理论知识考试和操作技能考核的要点；

◎ 考生在理论知识复习中要善于抓住重点，进行全面复习，对基本要领要记忆准确、理解透彻、运用熟练，并且还要在复习范围的“广”字上下功夫；在操作技能考核复习中要按有关要求，强化技能训练；

◎ 考生应对书中的试题精选和试卷样例进行认真做答和练习，如果发现自己哪一题解答或操作有困难，应该立即检查，发现问题所在，及时解决每个难点和问题。

（三）降低焦虑水平，做好心理调节

◎ 影响个人在考场上心理状态的因素很多，如当时的心情和身体状况、考试经验以及期待水平等等；

◎ 参加任何一种考试，都应保持良好的心理状态，力戒焦虑，是取得好成绩的关键因素之一；

◎ 需要指出的是：动机水平过高，行为就要受到干扰，也就是说，如果太想做好某件事，反而可能达不到目标；

◎ 考生应根据自己的实力，订立一个切实可行的期待目标，这是降低考试焦虑水平行之有效的一种方法。

第二章

考核内容

DI ER ZHANG KAO HE NEI RONG

第一节　考核内容结构表及说明

一、考核内容结构表

前厅服务员操作技能考核内容结构表

级别	鉴定范围 鉴定要求	客房预订	住宿登记	问讯服务	行李服务	离店结账	公关与推销	沟通与协调	职业英语	管理与培训	合计
初级	选考方式	指定一项					—	必考	必考	—	3
	鉴定比重%	75					—	15	10	—	100
	考试时间 min	3	3	3	10	3	—	6	5	—	14或21
	考核形式	实操					—	口试	口试	—	—
中级	选考方式	指定一项					必考	必考	必考	—	4
	鉴定比重%	50					15	20	15	—	100
	考试时间 min	3	3	3	10	3	5	7	5	—	20或27
	考核形式	实操					实操	口试	口试	—	—
高级	选考方式	—					必考	必考	必考	必考	4
	鉴定比重%	—					20	20	30	30	100
	考试时间 min	—					6	6	6	12	30
	考核形式	—					实操	口试	实操	实操	—

二、考核内容结构表说明

上表中列出了本职业各等级的考核内容、选考方式、考核总体时间等内容。依据考核内容结构表，本职业各级别考核要求如下：

1. 初级考核的内容包括：

(1)“客房预订”、“住宿登记”、“问讯服务”、“行李服务”和“离店结账”，它们的选考方式是指定一项，即根据特定的考生人群报名情况，从上述五个鉴定范围中指定其中一项作为考核内容，鉴定比重是75%，考试时间除“行李服务”是10分钟以外，其他都是3分钟；

(2)“沟通与协调”和“职业英语”皆为必考内容，鉴定比重分别为15%、10%，考试时间分别为6分钟、5分钟。

初级总体考核时间为14或21分钟。

2. 中级考核的内容包括：

(1)“客房预订”、“住宿登记”、“问讯服务”、“行李服务”和“离店结账”中，它们的选考方式是指定一项，即根据特定的考生人群报名情况，从上述五个鉴定范围中指定其中一项作为考核内容，鉴定比重是50%，考试时间除“行李服务”是10分钟以外，其他都是3分钟；

(2)“公关与推销”、“沟通与协调”和“职业英语”皆为必考内容，鉴定比重分别为15%、20%、15%，考试时间分别为5分钟、7分钟、5分钟。

中级总体考核时间为20或27分钟。

3. 高级考核的内容包括：

“公关与推销”、“沟通与协调”、“职业英语”和“管理与培训”皆为必考内容，鉴定比重分别为20%、20%、30%、30%，考试时间分别为6分钟、6分钟、6分钟、12分钟。

高级总体考核时间为30分钟。

第二节 鉴定要素细目表及说明

一、鉴定要素细目表

中级前厅服务员操作技能鉴定要素细目表

<table>
<tr><th colspan="4">鉴定范围一级</th><th colspan="4">鉴定点</th></tr>
<tr><th>代码
重要程度</th><th>名称</th><th>鉴定比重</th><th>选考方式</th><th>代码</th><th>名称</th><th>重要程度</th><th>试题量</th></tr>
<tr><td>A
(1∶0∶0)</td><td>客房预订</td><td>50%</td><td rowspan="6">指定一项</td><td>001</td><td>电话预订</td><td>X</td><td>1</td></tr>
<tr><td>B
(1∶0∶0)</td><td>住宿登记</td><td>50%</td><td>001</td><td>无预订的散客入住登记</td><td>X</td><td>1</td></tr>
<tr><td>C
(1∶0∶0)</td><td>问讯服务</td><td>50%</td><td>001</td><td>电话留言</td><td>X</td><td>1</td></tr>
<tr><td rowspan="2">D
(2∶0∶0)</td><td rowspan="2">行李服务</td><td rowspan="2">50%</td><td>001</td><td>散客入住行李服务
(将客人的行李送达到房间)</td><td>X</td><td>1</td></tr>
<tr><td>002</td><td>散客入住行李服务
(将客人的行李送达到电梯或楼梯口)</td><td>X</td><td>1</td></tr>
<tr><td>E
(1∶0∶0)</td><td>离店结账</td><td>50%</td><td>001</td><td>散客离店结账</td><td>X</td><td>1</td></tr>
</table>

续表

鉴定范围一级				鉴定点			
代码 重要程度	名称	鉴定比重	选考方式	代码	名称	重要程度	试题量
F （2：0：0）	公关与推销	15%	必考	001	在前厅接待中向客人推销客房	X	2
				002	在行李服务中向客人介绍饭店的有关消费服务项目	X	1
G （2：0：0）	沟通与协调	20%	必考	001	前台接待中的应变能力	X	5
				002	行李服务中的应变能力	X	3
H （1：0：0）	职业英语	15%	必考	001	英语口语	X	2

二、鉴定要素细目表的说明

鉴定要素细目表是在考核内容结构表的基础上，列出了本级别具体要考核的内容。其中，鉴定点即为具体考核的内容。每个鉴定点都有重要程度指标，即鉴定点后标注的“X”、“Y”、“Z”。“X”表示“核心要素”，是考核中最重要、出现频率也最高的内容；“Y”表示“一般要素”，是考核中出现频率一般的内容；“Z”表示“辅助要素”，在考核中出现的频率较低。表中每个鉴定范围都有鉴定比重指标，它表示在一份试卷中该鉴定范围所占的分数比例。每个鉴定点中有若干道试题，它们有共性的考核要点、配分与评分标准，这些试题都是考生应当掌握的。

在每次操作技能考核时，试卷是根据考核内容结构表的要求，在鉴定要素细目表的相关鉴定点中由计算机自动抽取或由专家人工各选取 1 道试题组成的。如：鉴定点“英语口语”是本职业本等级重要的考核内容之一，该鉴定点下面共有 2 道试题，考核时根据考核内容结构表的要求，从这 2 道试题中抽取 1 道作为本次考核的一部分内容，该题占本次考核总分的 15%。

第三章

考核试题

DI SAN ZHANG KAO HE SHI TI

第一节　客房预订

电话预订

本鉴定点下共有 1 道考核试题，试题的考核要求和配分与评分标准如下：

1. 考核要求

（1）按照正确的程序完成散客的电话预订。

（2）了解客人需求。

（3）主动向客人介绍房间。

（4）正确填写散客预订表。

（5）确认客人订房情况。

2. 配分与评分标准

序号	考核内容	考核要点	配分	评分标准	扣分	得分
1	仪容仪表	服务牌佩戴在外衣左上方、服装整洁得体、无破绽，纽扣齐全；鞋袜洁净；不留长指甲；不佩戴过于醒目奇特的饰物；男服务员不留胡须，发长不盖耳；女服务员化淡妆	10	有一项不符合要求，扣 1 分，扣完为止		
2	仪态	行走、站姿正确，行为规范有礼	5	有一项不符合要求，扣 1 分，扣完为止		
3	了解客人需求	礼貌地问清客人是否需要订房；以及订房的时间和房间的类型	9	每出现一处错误或遗漏扣 3 分，扣完为止		
4	介绍房间	向客人介绍三种（含三种）以上的客房，并正确描述各类客房的优点；正确报价	6	只向客人介绍一种或两种客房，扣 2 分；描述各类客房的优点基本正确，但不够充分、全面，扣 2 分；每报错一种客房的价格，扣 2 分，扣完为止		
5	表格填写	规范、完整地填写预订表	5	出现一处表格填写错误，扣 1 分，扣完为止		
6	确认订房情况	确认客人订房的时间、天数、房型、房数、房价、付款方式、保留时间、特殊要求等	8	每出现一处错误或遗漏扣 2 分，扣完为止		

续表

序号	考核内容	考核要点	配分	评分标准	扣分	得分
7	道别	礼貌地向客人道谢、道别	4	每出现一处遗漏扣 2 分，扣完为止		
8	预订程序	按照正确的程序向客人提供预订服务	5	出现一处程序错误，扣 2 分，累计出现两处程序错误，扣 5 分		
合计			50			
否定项：若考生出现下列情况之一，则应及时终止其考试，考生该题成绩记为零分。 （1）没有穿着工装或制服。 （2）没有填写预订单。 （3）因考生出现失误或过错致使客人没有预订成功。 （4）预订程序出现三处以上（含三处）错误。 （5）超过规定时间。						

试题 1. 散客电话预订

1. 准备要求

考场准备：

（1）饭店前厅部的总台或者模拟场地。

（2）散客预订单、笔、房价表及饭店相关宣传资料。

（3）模拟客人一名（可由考评员充当模拟客人）。

考生准备：一套工装或制服。

2. 考核要求

（1）本题分值：50 分。

（2）考核时间：3 分钟。

（3）考核形式：实操。

（4）具体考核要求：

①按照正确的程序完成散客的电话预订。

②了解客人需求。

③主动向客人介绍房间。

④正确填写散客预订表。

⑤确认客人订房情况。

（5）否定项说明：若考生出现下列情况之一，则应及时终止其考试，考生该题成绩记为零分。

①没有穿着工装或制服。

②没有填写预订单。

③因考生出现失误或过错致使客人没有预订成功。

④预订程序出现三处以上（含三处）错误。

⑤超过规定时间。

3. 配分与评分标准（请参见鉴定点“电话预订”中的配分与评分标准）

第二节　住宿登记

无预订的散客入住登记

本鉴定点下共有 1 道考核试题，试题的考核要求和配分与评分标准如下：

1. 考核要求

（1）以规范的仪容、仪表迎接客人。

（2）按照正确的程序完成无预订散客的入住登记手续。

（3）正确核对预定情况、填写散客入住登记表、房卡。

（4）正确验证、制作或发放客用钥匙（卡）、分配房间。

（5）正确收取押金并开具收据。

2. 配分与评分标准

序号	考核内容	考核要点	配分	评分标准	扣分	得分
1	仪容仪表	服务牌佩戴在外衣左上方、服装整洁得体、无破绽，纽扣齐全；鞋袜洁净；不留长指甲；不佩戴过于醒目奇特的饰物；男服务员不留胡须，发长不盖耳；女服务员化淡妆	10	有一项不符合要求，扣 1 分，扣完为止		
2	仪态	行走、站姿正确，行为规范有礼	5	有一项不符合要求，扣 1 分，扣完为止		
3	主动迎宾	对客人微笑、行注目礼、用敬语问候客人	3	每遗漏一项扣 3 分；有一项没做到位，扣 1 或 2 分，扣完为止；累计两项没做到位，扣 3 分		
4	了解客人是否已经预订	礼貌地询问并核实客人是否已经预订	2	没有询问客人是否已经预订，扣 2 分		
5	验证	请客人出示正确的证件并查验	5	查验客人证件方法不适当，扣 2 分；未发现客人出示了不正确的证件，扣 3 分		

续表

序号	考核内容	考核要点	配分	评分标准	扣分	得分
6	分配房间	正确分配房间	3	房型分配错误扣 3 分；所分配的房间在楼层、数量等方面不符合客人要求，扣 1-3 分		
7	填写入住登记表、房卡	规范、完整地填写入住登记表、房卡	3	出现一处填写错误扣 1 分，扣完为止		
8	客用钥匙（卡）制作或发放	正确制作或发放客用钥匙（卡）	5	客用钥匙（卡）发放或制作错误扣 3 分；有关钥匙（卡）使用等事项未向客人做交代或交代不清，扣 2 分		
9	押金收取	押金数额收取正确；点钞方法正确；唱收正确；正确开具押金收据	4	数额错误扣 5 分；点钞方法错误扣 1 分；没做唱收扣 1 分；未开具押金收据扣 1 分；扣完为止		
10	介绍贵重物品保管服务	主动向客人介绍贵重物品保管服务	2	没有主动向客人介绍贵重物品保管服务或介绍错误，扣 2 分		
11	道别	主动安排行李员，并做好有关的交接工作	3	没有主动安排行李员或没有与行李员做工作交接，扣 2 分；没有向客人征求意见并未与客人道别，扣 1 分		
12	入住登记程序	按照正确的程序向客人提供入住登记服务	5	出现一处程序错误，扣 2 分；累计出现两处程序错误，扣 5 分		
合计			50			
否定项：若考生出现下列情况之一，则应及时终止其考试，考生该题成绩记为零分。 （1）没有穿着工装或制服。 （2）没有填写散客入住登记表单或出现两处以上（含两处）填写错误。 （3）没有查验客人的证件。 （4）入住登记程序出现两处以上（含两处）错误。 （5）超过规定时间。						

试题 1. 进行无预订的散客入住登记

1. 准备要求

考场准备：

（1）饭店前厅部的总台或者模拟场地。

（2）散客入住登记表、房卡、钥匙（卡）、押金收据本、笔、房价表及饭店总台设备。

（3）模拟客人一名（可由考评员充当模拟客人），以及模拟客人使用的点钞券、真假身份证。

考生准备：一套工装或制服。

2. 考核要求

（1）本题分值：50 分。

（2）考核时间：3 分钟。

（3）考核形式：实操。

（4）具体考核要求：

①以规范的仪容、仪表迎接客人。

②按照正确的程序完成无预订散客的入住登记手续。

③正确填写散客入住登记表、房卡。

④正确验证、制作或发放客用钥匙（卡）、分配房间。

⑤正确收取押金并开具收据。

（5）否定项说明：若考生出现下列情况之一，则应及时终止其考试，考生该题成绩记为零分。

①没有穿着工装或制服。

②没有填写散客入住登记表单或出现两处以上（含两处）填写错误。

③没有查验客人的证件。

④入住登记程序出现两处以上（含两处）错误。

⑤超过规定时间。

3. 配分与评分标准（请参见鉴定点“无预订的散客入住登记”中的配分与评分标准）

第三节　问讯服务

电话留言服务

本鉴定点下共有 1 道考核试题，试题的考核要求和配分与评分标准如下：

1. 考核要求

（1）按照正确的程序完成电话留言服务。

（2）正确填写留言单。

2. 配分与评分标准

序号	考核内容	考核要点	配分	评分标准	扣分	得分
1	仪容仪表	服务牌佩戴在外衣左上方、服装整洁得体、无破绽，纽扣齐全；鞋袜洁净；不留长指甲；不佩戴过于醒目奇特的饰物；男服务员不留胡须，发长不盖耳；女服务员化淡妆	10	有一项不符合要求，扣1或2分，扣完为止		
2	仪态	行走、站姿正确，行为规范有礼	5	有一项不符合要求，扣1或2分，扣完为止		
3	接听电话规范	在电话铃声响起三声之内接听，并用规范的接听语言应答	5	没有在电话铃声响起三声之内接听，扣2分；接听语言不规范，扣3分		
4	了解客人是否需要留言	了解客人要求并主动询问是否需要留言	3	没有主动询问客人是否需要留言，扣3分		
5	填写留言单	规范填写留言单； 将客人的留言正确地填写在留言单上	10	留言基本正确，但不够完整，扣5-10分；每出现一处填写不规范，扣5分；扣完为止		
6	复述核对确认	将留言单上内容复述核对一遍	10	复述核对方法不妥（如太过于啰嗦或者不礼貌）扣5-10分		
7	道别	礼貌向客人道别，等客人挂电话后再挂断电话	7	没有向客人道别的扣3分；先于客人挂断电话的扣4分		
合计			50			
否定项：若考生出现下列情况之一，则应及时终止其考试，考生该题成绩记为零分。 （1）没有穿着工装或制服。 （2）没有填写留言单。 （3）留言单上的留言记录有错误信息。 （4）泄露饭店规定的保密内容。 （5）电话留言程序出现一处错误。 （6）超过规定时间。						

试题1. 进行电话留言服务

1. 准备要求

考场准备：

（1）饭店前厅部的总台或者模拟场地。

（2）留言单、笔。

（3）模拟客人一名（可由考评员充当模拟客人）。

考生准备：一套工装或制服。

2. 考核要求

（1）本题分值：50 分。

（2）考核时间：3 分钟。

（3）考核形式：实操。

（4）具体考核要求：

①按照正确的程序完成电话留言服务。

②正确填写留言单。

（5）否定项说明：若考生出现下列情况之一，则应及时终止其考试，考生该题成绩记为零分。

①没有穿着工装或制服。

②没有填写留言单。

③留言单上的留言记录有错误信息。

④泄露饭店规定的保密内容。

⑤电话留言程序出现一处错误。

⑥超过规定时间。

3. 配分与评分标准（请参见鉴定点“电话留言服务”中的配分与评分标准）

第四节　行李服务

一、散客入住行李服务（将客人的行李送达到房间）

本鉴定点下共有 1 道试题，试题的考核要求和配分与评分标准如下：

1. 考核要求

（1）以规范的仪容、仪表迎接客人。

（2）按照正确的程序完成散客入住行李服务。

2. 配分与评分标准

序号	考核内容	考核要点	配分	评分标准	扣分	得分
1	仪容仪表	服务牌佩戴在外衣左上方、服装整洁得体、无破绽，纽扣齐全；鞋袜洁净；不留长指甲；不佩戴过于醒目奇特的饰物；男服务员不留胡须，发长不盖耳；女服务员化淡妆	10	有一项不符合要求，扣1或2分，扣完为止		
2	仪态	行走、站姿正确，行为规范有礼	5	有一项不符合要求，扣1或2分，扣完为止		
3	主动迎宾	主动迎宾，为客人提拿行李	4	不主动迎接、提拿行李扣4分		
4	引领客人至总台	走在客人身前两到三步远	2	走在客人身后，扣2分		
5	记清客人的房号	记清客人房号	2	没有记清客人房号，扣2分		
6	电梯服务	请客人先进先出电梯；为电梯内其他出入电梯的客人提供服务；为客人介绍饭店的整体情况	4	没有让客人先进先出或没有为电梯内其他出入电梯的客人提供服务，扣2分；没有为客人介绍饭店的整体情况，扣2分；扣完为止		
7	房间服务	为客人开门，示意请客人先进房间；征求客人意见，放好行李物品；为客人挂好衣帽，拉开窗帘，向客人简要进行电视频道介绍、常用电话号码介绍、电器设备介绍、小酒吧介绍、服务指南介绍等	10	没有征求客人意见就放置行李物品、没有拉开窗帘，扣2分；每缺少一项介绍内容扣2-4分，扣完10分为止		
8	道别	与客人礼貌道别，主动征求意见	3	没有道别或者没有主动征求意见，扣3分		
9	行李服务程序	按照正确的程序向客人提供行李服务	10	出现一处程序错误，扣5分；累计两处程序错误，扣10分		
合计			50			
否定项：若考生出现下列情况之一，则应及时终止其考试，考生该题成绩记为零分。 （1）没有穿着工装或制服。 （2）因行李员出现失误或过错致使客人不能及时进入客房。 （3）行李服务程序出现三处以上（含三处）错误。 （4）超过规定时间。						

试题1. 进行散客入住行李服务（将客人的行李送达到房间）

1. 准备要求

考场准备：

（1）饭店正门、大堂、总台、电梯或楼梯、客房或者模拟场地。

(2) 模拟客人一名（可由考评员充当模拟客人），行李（箱或包）、房卡、钥匙（卡）、行李签。

考生准备：一套工装或制服。

2. 考核要求

(1) 本题分值：50 分。

(2) 考核时间：7 分钟。

(3) 考核形式：实操。

(4) 具体考核要求：

①以规范的仪容、仪表迎接客人。

②按照正确的程序完成散客入住行李服务。

(5) 否定项说明：若考生出现下列情况之一，则应及时终止其考试，考生该题成绩记为零分。

①没有穿着工装或制服。

②因行李员出现失误或过错致使客人不能及时进入客房。

③行李服务程序出现三处以上（含三处）错误。

④超过规定时间。

3. 配分与评分标准（请参见鉴定点“散客入住行李服务〈将客人的行李送达到房间〉”中的配分与评分标准）

二、散客入住行李服务（将客人的行李送达到电梯或楼梯口）

本鉴定点下共有 1 道试题，试题的考核要求和配分与评分标准如下：

1. 考核要求

(1) 以规范的仪容、仪表迎接客人。

(2) 按照正确的程序完成散客入住行李服务。

2. 配分与评分标准

序号	考核内容	考核要点	配分	评分标准	扣分	得分
1	仪容仪表	服务牌佩戴在外衣左上方、服装整洁得体、无破绽，纽扣齐全；鞋袜洁净；不留长指甲；不佩戴过于醒目奇特的饰物；男服务员不留胡须，发长不盖耳；女服务员化淡妆	10	有一项不符合要求，扣 2 分，扣完为止		
2	仪态	行走、站姿正确，行为规范有礼	9	有一项不符合要求，扣 3 分，扣完为止		

续表

序号	考核内容	考核要点	配分	评分标准	扣分	得分
3	主动迎宾	主动迎宾，为客人提拿行李	8	不主动迎接客人，扣3分；不主动提拿行李，扣3分		
4	引领客人至电梯或楼梯口	走在客人身前两到三步远	10	走在客人身后，扣10分		
5	道别	与客人礼貌道别	3	没有与客人礼貌道别，扣3分		
6	行李服务程序	按正确的程序向客人提供行李服务	10	出现一处程序错误，扣5分；累计两处程序错误，扣10分		
合计			50			
否定项：若考生出现下列情况之一，则应及时终止其考试，考生该题成绩记为零分。 (1) 没有穿着工装或制服。 (2) 行李程序出现三处以上（含三处）错误。 (3) 超过规定时间。						

试题 1. 进行散客入住行李服务（将客人的行李送达到电梯或楼梯口）

1. 准备要求

考场准备：

(1) 饭店正门、大堂、总台，或者模拟场地（有电梯或楼梯）。

(2) 模拟客人一名（可由考评员充当模拟客人），行李（箱或包）、房卡、钥匙（卡）、行李签。

考生准备：一套工装或制服。

2. 考核要求

(1) 本题分值：50 分。

(2) 考核时间：7 分钟。

(3) 考核形式：实操。

(4) 具体考核要求：

①以规范的仪容、仪表迎接客人。

②按照正确的程序完成散客入住行李服务。

(5) 否定项说明：若考生出现下列情况之一，则应及时终止其考试，考生该题成绩记为零分。

①没有穿着工装或制服。

②行李服务程序出现三处以上（含三处）错误。

③超过规定时间。

3. 配分与评分标准（请参见鉴定点“散客入住行李服务〈将客人的行李送达到电梯或楼梯口〉”中的配分与评分标准）

第五节　离店结账

散客离店结账

本鉴定点下共有1道试题，试题的考核要求和配分与评分标准如下：

1. 考核要求

(1) 以规范的仪容、仪表迎接客人。

(2) 按照正确的程序完成散客的离店结账手续。

(3) 正确收取押金收据、出具账单。

2. 配分与评分标准

序号	考核内容	考核要点	配分	评分标准	扣分	得分
1	仪容仪表	服务牌佩戴在外衣左上方、服装整洁得体、无破绽，纽扣齐全；鞋袜洁净；不留长指甲；不佩戴过于醒目奇特的饰物；男服务员不留胡须，发长不盖耳；女服务员化淡妆	10	有一项不符合要求，扣1分，扣完为止		
2	仪态	行走、站姿正确，行为规范有礼	5	有一项不符合要求，扣1或2分，扣完为止		
3	主动迎宾	用敬语问候并正确称呼客人	2	没有主动问候客人或不能正确称呼客人，扣2分		
4	核对账目并确认	主动询问房号、收回钥匙（卡）、适时安排查房并询问有关情况，从电脑中打印出清单请客人核对并签字	12	有一项不符合要求，扣4分，扣完为止		
5	付款结账	有礼貌地快速办好结账手续	6	根据结账手续办理的速度较慢，扣3分		
6	道别	感谢客人光临，与客人道别，主动征求意见	5	没有感谢客人光临或没有与客人礼貌道别，扣2分；没有主动征求意见，扣3分		
7	结账服务	按照正确的程序向客人提供结账服务	10	出现一处程序错误，扣5分；累计出现两处程序错误，扣10分		
合计			50			

续表

序号	考核内容	考核要点	配分	评分标准	扣分	得分
否定项：若考生出现下列情况之一，则应及时终止其考试，考生该题成绩记为零分。 (1) 没有穿着工装或制服。 (2) 没有收回押金收据。 (3) 没有安排查房。 (4) 结账服务程序出现三处以上（含三处）错误。 (5) 超过规定时间。						

试题 1. 散客离店结账

1. 准备要求

考场准备：

(1) 饭店前厅部的收银台或者模拟场地。

(2) 客人的房卡、钥匙（卡）、押金收据。

(3) 笔、点钞券、发票及饭店收银台设备。

(4) 模拟客人一名（可由考评员充当模拟客人）。

考生准备：一套工装或制服。

2. 考核要求

(1) 本题分值：50 分。

(2) 考核时间：3 分钟。

(3) 考核形式：实操。

(4) 具体考核要求：

①以规范的仪容、仪表迎接客人。

②按照正确的程序完成散客的离店结账手续。

③正确收取押金收据、出具账单。

(5) 否定项说明：若考生出现下列情况之一，则应及时终止其考试，考生该题成绩记为零分。

①没有穿着工装或制服。

②没有收回押金收据。

③没有安排查房。

④结账服务程序出现三处以上（含三处）错误。

⑤超过规定时间。

3. 配分与评分标准（请参见鉴定点“散客离店结账”中的配分与评分标准）

第六节　公关与推销

一、在前台接待中向客人推销客房

本鉴定点下共有 2 道试题，这些试题统一的考核要求和配分与评分标准如下：

1. 考核要求

（1）以规范的仪容、仪表迎接客人。

（2）运用正确的方法向客人推销客房。

2. 配分与评分标准

序号	考核内容	考核要点	配分	评分标准	扣分	得分
1	推销客房	根据客人的愿望和要求，正确使用报价方法；主动将有关的宣传资料展示给客人，并准确介绍房间设施、设备、朝向等情况；采用正面的说法称赞客人的选择，并能适时抓住成交机会	15	有一项不符合要求，扣 3 分，扣完为止		
合计			15			
否定项：若考生出现下列情况之一，则应及时终止其考试，考生该题成绩记为零分。 （1）没有穿着工装或制服。 （2）考生在考评员提问后 2 分钟以内没有作任何回答。 （3）超过规定时间。						

试题 1. 向客人推销中档价格的客房

1. 准备要求

考场准备：

（1）饭店前厅部的总台或者模拟场地，饭店简介、价目表等，有关的宣传资料。

（2）模拟客人一名（可由考评员充当模拟客人）。

考生准备：一套工装或制服。

2. 考核要求

（1）本题分值：15 分。

（2）考核时间：5 分钟。

（3）考核形式：实操。

（4）具体考核要求：

①以规范的仪容、仪表迎接客人。

②运用正确的方法向客人推销中档价格的客房。

(5) 否定项说明：若考生出现下列情况之一，则应及时终止其考试，考生该题成绩记为零分。

①没有穿着工装或制服。

②考生在考评员提问后 2 分钟以内没有作任何回答。

③超过规定时间。

3. 配分与评分标准（请参见鉴定点“在前厅接待中向客人推销客房”中的配分与评分标准）

试题 2. 向客人推销价格较低的客房

1. 准备要求

考场准备：

(1) 饭店前厅部的总台或者模拟场地，饭店简介、价目表等，有关的宣传资料。

(2) 模拟客人一名（可由考评员充当模拟客人）。

考生准备：一套工装或制服。

2. 考核要求

(1) 本题分值：15 分。

(2) 考核时间：5 分钟。

(3) 考核形式：实操。

(4) 具体考核要求：

①以规范的仪容、仪表迎接客人。

②运用正确的方法向客人推销价格较低的客房。

(5) 否定项说明：若考生出现下列情况之一，则应及时终止其考试，考生该题成绩记为零分。

①没有穿着工装或制服。

②考生在考评员提问后 2 分钟以内没有作任何回答。

③超过规定时间。

3. 配分与评分标准（请参见鉴定点“在前厅接待中向客人推销客房”中的配分与评分标准）

二、在行李服务中向客人介绍饭店的有关消费服务项目

本鉴定点下共有 1 道试题，试题的考核要求如下：

考核要求

(1) 以规范的仪容、仪表迎接客人。

（2）结合实际情况，运用正确的方法向客人介绍饭店的有关消费服务项目。

试题 1. 向客人介绍本饭店的娱乐项目

1. 准备要求

考场准备：

（1）饭店前厅部或者模拟场地。

（2）模拟客人一名（可由考评员充当模拟客人）。

考生准备：一套工装或制服。

2. 考核要求

（1）本题分值：15 分。

（2）考核时间：5 分钟。

（3）考核形式：实操。

（4）具体考核要求：结合实际情况，运用正确的方法向客人介绍本饭店的娱乐项目。

（5）否定项说明：若考生出现下列情况之一，则应及时终止其考试，考生该题成绩记为零分。

①没有穿着工装或制服。

②考生在考评员提问后 2 分钟以内没有作任何回答。

③超过规定时间。

3. 配分与评分标准

序号	考核内容	考核要点	配分	评分标准	扣分	得分
1	介绍娱乐项目	结合实际情况，运用正确的方法向客人介绍本饭店的娱乐项目，包括娱乐项目的种类、内容以及所处的位置	15	有一项不符合要求，扣 5 分，扣完为止		
合计			15			
否定项：若考生出现下列情况之一，则应及时终止其考试，考生该题成绩记为零分。 （1）没有穿着工装或制服。 （2）考生在考评员提问后 2 分钟以内没有作任何回答。 （3）超过规定时间。						

第七节　沟通与协调

一、前台接待中的应变能力

本鉴定点下共有 5 道试题，这些试题统一的考核要求和配分与评分标准如下：

1. 考核要求

在规定的时间内回答完问题。

2. 配分与评分标准

序号	考核内容	考核要点	配分	评分标准	扣分	得分
1	问题处理	回答问题时，能够正确使用礼貌用语； 语气语调平和、委婉； 讲究语言艺术； 语言表达能力较强； 处理问题的方式、方法得当	20	有一项不符合要求，扣5分，扣完为止		
合计			20			
否定项：若考生出现下列情况之一，则应及时终止其考试，考生该题成绩记为零分。 (1) 没有穿着工装或制服。 (2) 考生在考评员提问后2分钟以内没有作任何回答。 (3) 超过规定时间。						

试题1. 当客人称预订过房间，但你查不到订单时，怎么办?

1. 准备要求

考场准备：饭店前厅部的总台或者模拟场地。

考生准备：一套工装或制服。

2. 考核要求

(1) 本题分值：20分。

(2) 考核时间：7分钟。

(3) 考核形式：口试。

(4) 具体考核要求：在规定的时间内回答完问题。

(5) 否定项说明：若考生出现下列情况之一，则应及时终止其考试，考生该题成绩记为零分。

①没有穿着工装或制服。

②考生在考评员提问后2分钟以内没有作任何回答。

③超过规定时间。

3. 配分与评分标准（请参见鉴定点“前厅接待中的应变能力”中的配分与评分标准）

试题2. 团队提前抵达，如何安排?

1. 准备要求

考场准备：饭店前厅部的总台或者模拟场地。

考生准备：一套工装或制服。

2. 考核要求

（1）本题分值：20 分。

（2）考核时间：7 分钟。

（3）考核形式：口试。

（4）具体考核要求：在规定的时间内回答完问题。

（5）否定项说明：若考生出现下列情况之一，则应及时终止其考试，考生该题成绩记为零分。

①没有穿着工装或制服。

②考生在考评员提问后 2 分钟以内没有作任何回答。

③超过规定时间。

3. 配分与评分标准（请参见鉴定点“前厅接待中的应变能力”中的配分与评分标准）

试题 3. 团队客人投诉房间安排过于零散，要求调整，如何处理？

1. 准备要求

考场准备：饭店前厅部的总台或者模拟场地。

考生准备：一套工装或制服。

2. 考核要求

（1）本题分值：20 分。

（2）考核时间：7 分钟。

（3）考核形式：口试。

（4）具体考核要求：在规定的时间内回答完问题。

（5）否定项说明：若考生出现下列情况之一，则应及时终止其考试，考生该题成绩记为零分。

①没有穿着工装或制服。

②考生在考评员提问后 2 分钟以内没有作任何回答。

③超过规定时间。

3. 配分与评分标准（请参见鉴定点“前厅接待中的应变能力”中的配分与评分标准）

试题 4. 客人称其保险箱钥匙在饭店内丢失，并表示保险箱里面有非常贵重的物品时，怎么办？

1. 准备要求

考场准备：饭店前厅部的总台或者模拟场地。

考生准备：一套工装或制服。

2. 考核要求

（1）本题分值：20 分。

（2）考核时间：7 分钟。

（3）考核形式：口试。

（4）具体考核要求：在规定的时间内回答完问题。

（5）否定项说明：若考生出现下列情况之一，则应及时终止其考试，考生该题成绩记为零分。

①没有穿着工装或制服。

②考生在考评员提问后 2 分钟以内没有作任何回答。

③超过规定时间。

3. 配分与评分标准（请参见鉴定点“前厅接待中的应变能力”中的配分与评分标准）

试题 5. 客人投诉叫醒服务未按时，怎么办？

1. 准备要求

考场准备：饭店前厅部的总台或者模拟场地。

考生准备：一套工装或制服。

2. 考核要求

（1）本题分值：20 分。

（2）考核时间：7 分钟。

（3）考核形式：口试。

（4）具体考核要求：在规定的时间内回答完问题。

（5）否定项说明：若考生出现下列情况之一，则应及时终止其考试，考生该题成绩记为零分。

①没有穿着工装或制服。

②考生在考评员提问后 2 分钟以内没有作任何回答。

③超过规定时间。

3. 配分与评分标准（请参见鉴定点“前厅接待中的应变能力”中的配分与评分标准）

二、行李服务中的应变能力

本鉴定点下共有 2 道试题，这些试题统一的考核要求和配分与评分标准如下：

1. 考核要求

在规定的时间内回答完问题。

2. 配分与评分标准

序号	考核内容	考核要点	配分	评分标准	扣分	得分
1	问题处理	回答问题时，能够正确使用礼貌用语； 语气语调平和、委婉； 讲究语言艺术； 语言表达能力较强； 处理问题的方式、方法得当	20	有一项不符合要求，扣 5 分，扣完为止		
合计			20			
否定项：若考生出现下列情况之一，则应及时终止其考试，考生该题成绩记为零分。 （1）没有穿着工装或制服。 （2）考生在考评员提问后 2 分钟以内没有作任何回答。 （3）超过规定时间。						

试题 1. 团队客人报称缺少行李，怎么办?

1. 准备要求

考场准备：饭店前厅部的总台或者模拟场地。

考生准备：一套工装或制服。

2. 考核要求

（1）本题分值：20 分。

（2）考核时间：7 分钟。

（3）考核形式：口试。

（4）具体考核要求：在规定的时间内回答完问题。

（5）否定项说明：若考生出现下列情况之一，则应及时终止其考试，考生该题成绩记为零分。

①没有穿着工装或制服。

②考生在考评员提问后 2 分钟以内没有作任何回答。

③超过规定时间。

3. 配分与评分标准（请参见鉴定点“行李服务中的应变能力”中的配分与评分标准）

试题 2. 客人行李寄存卡丢失，怎么办?

1. 准备要求

考场准备：饭店前厅部的总台或者模拟场地。

考生准备：一套工装或制服。

2. 考核要求

（1）本题分值：20 分。

（2）考核时间：7 分钟。

（3）考核形式：口试。

（4）具体考核要求：在规定的时间内回答完问题。

（5）否定项说明：若考生出现下列情况之一，则应及时终止其考试，考生该题成绩记为零分。

①没有穿着工装或制服。

②考生在考评员提问后 2 分钟以内没有作任何回答。

③超过规定时间。

3. 配分与评分标准：请参见鉴定点“行李服务中的应变能力”中的配分与评分标准。

试题 3. 团队行李发生破损，客人要求索赔时，怎么办？

1. 准备要求

考场准备：饭店前厅部的总台或者模拟场地。

考生准备：一套工装或制服。

2. 考核要求

（1）本题分值：20 分。

（2）考核时间：7 分钟。

（3）考核形式：口试。

（4）具体考核要求：在规定的时间内回答完问题。

（5）否定项说明：若考生出现下列情况之一，则应及时终止其考试，考生该题成绩记为零分。

①没有穿着工装或制服。

②考生在考评员提问后 2 分钟以内没有作任何回答。

③超过规定时间。

3. 配分与评分标准（请参见鉴定点“行李服务中的应变能力”中的配分与评分标准）

第八节　职业英语

英语口语

本鉴定点下共有 2 道试题，这些试题统一的考核要求和配分与评分标准如下：

1. 考核要求

用英语口语的方式将前厅服务工作中经常使用的专业用语准确地表达出来。

2. 配分与评分标准

序号	考核内容	考核要点	配分	评分标准	扣分	得分
1	英语口语	正确将汉语翻译为英语，表达流畅	15	每说错一个单词或有一个单词的发音不正确，扣3分，扣完为止		
合计			15			
否定项：若考生出现下列情况之一，则应及时终止其考试，考生该题成绩记为零分。 （1）没有穿着工装或制服。 （2）考生在考评员提问后2分钟以内没有作任何回答。 （3）超过规定时间。						

试题1. 汉译英（一）

1. 准备要求

考场准备：饭店前厅部的总台或者模拟场地。

考生准备：一套工装或制服。

2. 考核要求

（1）本题分值：15分。

（2）考核时间：5分钟。

（3）考核形式：口试。

（4）具体考核要求：将下列汉语正确翻译为英语。

行李员会帮您提行李，并带您去房间。祝您入住愉快。

请稍等，我看看有没有空房。

（5）否定项说明：若考生出现下列情况之一，则应及时终止其考试，考生该题成绩记为零分。

①没有穿着工装或制服。

②考生在考评员提问后2分钟以内没有作任何回答。

③超过规定时间。

3. 配分与评分标准（请参见鉴定点“英语口语”中的配分与评分标准）

试题2. 汉译英（二）

1. 准备要求

考场准备：饭店前厅部的总台或者模拟场地。

考生准备：一套工装或制服。

2. 考核要求

（1）本题分值：15分。

（2）考核时间：5分钟。

（3）考核形式：口试。

(4) 具体考核要求：将下列汉语正确翻译为英语。

您使用现金支付还是信用卡?

双人房间的价格是每天 180 元，单人房间的价格是每天 200 元。

(5) 否定项说明：若考生出现下列情况之一，则应及时终止其考试，考生该题成绩记为零分。

①没有穿着工装或制服。

②考生在考评员提问后 2 分钟以内没有作任何回答。

③超过规定时间。

3. 配分与评分标准（请参见鉴定点“英语口语”中的配分与评分标准）

第四章

组卷示例

DI SI ZHANG ZU JUAN SHI LI

第一节　组卷说明

一、组卷方式

职业技能鉴定国家题库一般有以下3种组卷方式：

1. 计算机自动组卷

即计算机根据本职业本等级操作技能考核内容结构表、操作技能鉴定要素细目表的要求，按照国家题库组卷模型，自动选取鉴定范围和鉴定点，并抽取试题进行组合，形成试卷。

2. 人工干预计算机组卷

即根据本职业本等级操作技能考核内容结构表、操作技能鉴定要素细目表的要求，结合本次考核的实际情况，由人工选定鉴定范围、鉴定点和试题，并由计算机按照国家题库组卷模型进行组合，形成试卷。

3. 特殊要求组卷

如试题库中没有满足本次鉴定要求的试题，可由专家根据操作技能考核内容结构表和操作技能鉴定要素细目表的要求，按照鉴定点下的统一要求命制新试题，组成试卷。

本职业主要采取人工干预计算机组卷的方式。

二、试卷结构

职业技能鉴定国家题库操作技能试卷一般由以下3部分内容构成。

1. 操作技能考核准备通知单

正文内容为试题中的准备要求，包括鉴定机构准备要求和考生准备要求两部分内容。

2. 操作技能考核试卷正文

正文内容为试题中的考核要点，包括相应的试题分值、考核时间、操作要求或技术标准、图表、图样或文字说明等。

3. 操作技能考核评分记录表

正文内容为评分记录表，即配分与评分标准，包括各项考核内容考核要点、配分、评分标准或评分办法、否定项及说明、加权汇总方法等。必要时包括总分表，即记录考生本次操作技能考试所有试题成绩的汇总表。

第二节　试卷样例

职业技能鉴定国家题库试卷

前厅服务员（中级）操作技能考核准备通知单（考场）

试题 1.

（1）饭店前厅部的总台或者模拟场地。

（2）散客预订单、笔、房价表及饭店相关宣传资料。

（3）模拟客人一名（可由考评员充当模拟客人）。

试题 2.

（1）饭店前厅部的总台或者模拟场地，饭店简介、价目表等，有关的宣传资料。

（2）模拟客人一名（可由考评员充当模拟客人）。

试题 3.

饭店前厅部的总台或者模拟场地。

试题 4.

饭店前厅部的总台或者模拟场地。

职业技能鉴定国家题库试卷

前厅服务员（中级）操作技能考核准备通知单（考生）

姓名：________准考证号：____________单位：____________

试题 1.

一套工装或制服。

试题 2.

一套工装或制服。

试题 3.

一套工装或制服。

试题 4.

一套工装或制服。

职业技能鉴定国家题库试卷

前厅服务员（中级）操作技能考核试卷

考件编号：______ 姓名：________ 准考证号：____________ 单位：____________

试题 1. 散客电话预订

（1）本题分值：50 分。

（2）考核时间：3 分钟。

（3）考核形式：实操。

（4）具体考核要求：

①按照正确的程序完成散客的电话预订。

②了解客人需求。

③主动向客人介绍房间。

④正确填写散客预订表。

⑤确认客人订房情况。

（5）否定项说明：若考生出现下列情况之一，则应及时终止其考试，考生该题成绩记为零分。

①没有穿着工装或制服。

②没有填写预订单。

③因考生出现失误或过错致使客人没有预订成功。

④预订程序出现三处以上（含三处）错误。

⑤超过规定时间。

试题 2. 向客人推销中档价格的客房

（1）本题分值：15 分。

（2）考核时间：5 分钟。

（3）考核形式：实操。

（4）具体考核要求：

①以规范的仪容、仪表迎接客人。

②运用正确的方法向客人推销中档价格的客房。

（5）否定项说明：若考生出现下列情况之一，则应及时终止其考试，考生该题成绩记为零分。

①没有穿着工装或制服。

②考生在考评员提问后 2 分钟以内没有作任何回答。

③超过规定时间。

试题 3. 当客人称预订过房间，但你查不到订单时，应如何处理？

（1）本题分值：20 分。

（2）考核时间：7 分钟。

（3）考核形式：口试。

（4）具体考核要求：

在规定的时间内回答完问题。

（5）否定项说明：若考生出现下列情况之一，则应及时终止其考试，考生该题成绩记为零分。

①没有穿着工装或制服。

②考生在考评员提问后 2 分钟以内没有作任何回答。

③超过规定时间。

试题 4. 汉译英（二）

（1）本题分值：15 分。

（2）考核时间：5 分钟。

（3）考核形式：口试。

（4）具体考核要求：将下列汉语正确翻译为英语。

您使用现金支付还是信用卡?

双人房间的价格是每天 180 元，单人房间的价格是每天 200 元。

（5）否定项说明：若考生出现下列情况之一，则应及时终止其考试，考生该题成绩记为零分。

①没有穿着工装或制服。

②考生在考评员提问后 2 分钟以内没有作任何回答。

③超过规定时间。

职业技能鉴定国家题库试卷

前厅服务员（中级）操作技能考核评分表

考件编号：______ 姓名：________ 准考证号：____________ 单位：____________

总成绩表

序号	试题名称	配分（权重）	得分	备注
1	散客电话预订	50		
2	向客人推销中档价格的客房	15		
3	当客人称预订过房间，但你查不到订单时，应如何处理？	20		
4	汉译英（二）	15		
合计		100		

统分人：　　　　　　　　　　　　　　　　　　　　　　　　年　月　日

职业技能鉴定国家题库试卷

前厅服务员（中级）操作技能考核评分表

考件编号：＿＿＿＿姓名：＿＿＿＿准考证号：＿＿＿＿单位：＿＿＿＿

试题 1. 散客电话预订

序号	考核内容	考核要点	配分	评分标准	扣分	得分
1	仪容仪表	服务牌佩戴在外衣左上方、服装整洁得体、无破绽，纽扣齐全；鞋袜洁净；不留长指甲；不佩戴过于醒目奇特的饰物；男服务员不留胡须，发长不盖耳；女服务员化淡妆	10	有一项不符合要求，扣 1 分，扣完为止		
2	仪态	行走、站姿正确，行为规范有礼	5	有一项不符合要求，扣 1 分，扣完为止		
3	主动迎宾	对客人微笑、行注目礼、用敬语问候客人	3	遗漏一项扣 3 分；有一项没做到位，扣 1 分，扣完为止；累计两项没做到位，扣 3 分		
4	了解客人需求	礼貌地问清客人是否需要订房，以及订房的时间和房间的类型	6	每出现一处错误或遗漏扣 2 分，扣完为止		
5	介绍房间	向客人介绍三种（含三种）以上的客房，并正确描述各类客房的优点；正确报价	6	只向客人介绍一种或两种客房，扣 2 分；描述各类客房的优点基本正确，但不够充分、全面，扣 2 分；每报错一种客房的价格，扣 2 分；扣完为止		
6	表格填写	规范、完整地填写预订表	5	出现一处表格填写错误，扣 1 分，扣完为止		
7	确认订房情况	确认客人订房的时间、天数、房型、房数、房价、付款方式、保留时间、特殊要求等	8	每出现一处错误或遗漏扣 2 分，扣完为止		
8	道别	礼貌地向客人道谢、道别	4	每出现一处遗漏扣 2 分，扣完为止		
9	预订程序	按照正确的程序向客人提供预订服务	5	出现一处程序错误，扣 2 分，累计出现两处程序错误，扣 5 分		
合计			50			

否定项：若考生出现下列情况之一，则应及时终止其考试，考生该题成绩记为零分。

（1）没有穿着工装或制服。

（2）没有填写预订单。

（3）因考生出现失误或过错致使客人没有预订成功。

（4）预订程序出现三处以上（含三处）错误。

（5）超过规定时间。

评分人：　　　　年　月　日　　　　核分人：　　　　年　月　日

试题 2. 向客人推销中档价格的客房

序号	考核内容	考核要点	配分	评分标准	扣分	得分
1	推销客房	根据客人的愿望和要求，正确使用报价方法； 主动将有关的宣传资料展示给客人，并准确介绍房间设施、设备、朝向等情况； 采用正面的说法称赞客人的选择，并能适时抓住成交机会	15	有一项不符合要求，扣 3 分，扣完为止		
合计			15			
否定项：若考生出现下列情况之一，则应及时终止其考试，考生该题成绩记为零分。 （1）没有穿着工装或制服。 （2）考生在考评员提问后 2 分钟以内没有作任何回答。 （3）超过规定时间。						

评分人：　　　　　年　月　日　　　　　核分人：　　　　　年　月　日

试题 3. 当客人称预订过房间，但你查不到订单时，应如何处理？

序号	考核内容	考核要点	配分	评分标准	扣分	得分
1	问题处理	回答问题时，能够正确使用礼貌用语； 语气语调平和、委婉； 讲究语言艺术； 语言表达能力较强； 处理问题的方式、方法得当	20	有一项不符合要求，扣 5 分，扣完为止		
合计			20			
否定项：若考生出现下列情况之一，则应及时终止其考试，考生该题成绩记为零分。 （1）没有穿着工装或制服。 （2）考生在考评员提问后 2 分钟以内没有作任何回答。 （3）超过规定时间。						

评分人：　　　　　年　月　日　　　　　核分人：　　　　　年　月　日

试题 4. 汉译英（二）

序号	考核内容	考核要点	配分	评分标准	扣分	得分
1	英语口语	正确将汉语翻译为英语，表达流畅	15	每说错一个单词或有一个单词的发音不正确，扣 3 分，扣完为止		
合计			15			
否定项：若考生出现下列情况之一，则应及时终止其考试，考生该题成绩记为零分。 (1) 没有穿着工装或制服。 (2) 考生在考评员提问后 2 分钟以内没有作任何回答。 (3) 超过规定时间。						

评分人：　　　　　　年　月　日　　　　　　核分人：　　　　　　年　月　日

《国家职业技能鉴定理论知识考试复习指导丛书》

*摄影师（初）12.00元
*摄影师（中）12.00元
*摄影师（高）16.00元
*调酒师（初）12.00元
*调酒师（中）14.00元
*调酒师（高）16.00元
修脚师（初）12.00元
修脚师（中）14.00元
修脚师（高）16.00元
制图员（初）12.00元
制图员（中）14.00元
制图员（高）16.00元
音响调音员（初）12.00元
音响调音员（中）14.00元
音响调音员（高）16.00元
*加工中心操作工（中）14.00元
*加工中心操作工（高）16.00元
*眼镜定配工（初）12.00元
*眼镜定配工（中）14.00元
*眼镜定配工（高）16.00元
*眼镜验光员（初）12.00元
*眼镜验光员（中）14.00元
*眼镜验光员（高）16.00元
前厅服务员（初）12.00元
前厅服务员（中）14.00元
前厅服务员（高）16.00元
营养配餐员（中）14.00元
营养配餐员（高）16.00元
*组合机床操作工（初）12.00元
*组合机床操作工（中）14.00元
*组合机床操作工（高）16.00元
*贵金属首饰手工制作工（初）12.00元
*贵金属首饰手工制作工（中）14.00元
*贵金属首饰手工制作工（高）16.00元

《职业技能鉴定国家题库——操作技能考试手册》

*摄影师（初）12.00元
*摄影师（中）14.00元
*摄影师（高）16.00元
修脚师（初）12.00元
修脚师（中）14.00元
修脚师（高）16.00元
制图员（初）12.00元
制图员（中）14.00元
制图员（高）16.00元
*加工中心操作工（中）14.00元
*加工中心操作工（高）16.00元
音响调音员（初）12.00元
音响调音员（中）14.00元
音响调音员（高）16.00元
前厅服务员（初）12.00元
前厅服务员（中）14.00元
前厅服务员（高）16.00元
*装配钳工（初）12.00元
*装配钳工（中）14.00元
*装配钳工（高）16.00元
*贵金属首饰手工制作工（初）12.00元
*贵金属首饰手工制作工（中）14.00元
*贵金属首饰手工制作工（高）16.00元

标注“*”的为国家就业准入职业